With Love
To Max and Charles
From Nana
Christmas, 2003

À Alice et Marie

Dans la même collection

À l'époque des pharaons

Au temps des cavernes

Au temps des premiers jeux Olympiques

Au temps des Gaulois

Au temps des Romains

À Jérusalem au temps de Jésus

Au temps de Charlemagne

Au temps des cathédrales

Au temps de la Grande Muraille

À l'époque des chevaliers

Au temps des mousquetaires

À l'époque de Molière

À Paris sous la Révolution

Au temps des cap-horniers

Au temps des premières usines

Au temps de la Grande Guerre

À Paris sous l'Occupation

http://www.casterman.com
ISBN 2-203-13746-0

Conception graphique et réalisation : Thierry Laurent

Sommaire

Des enfants dans l'Histoire

À l'époque de la Renaissance

Texte de Michel Pierre
Illustrations de Ginette Hoffmann

casterman

L'enfant qui voulait être peintre

Il n'a qu'une pensée : rejoindre au plus tôt l'atelier de maître Verrocchio.

Paolo n'a pas un regard pour le spectacle de la rue. Il se faufile entre les passants et se range à peine lorsque surgit un cavalier ou une charrette. C'est qu'à neuf ans, on court vite ! Il ne voit ni les hautes maisons ni la cathédrale qui dresse sa coupole dans le ciel de Florence. Il n'a qu'une pensée : rejoindre au plus tôt l'atelier de maître Verrocchio. Pourtant, malgré son habileté, l'enfant heurte brutalement un badaud planté devant l'étal d'un drapier.

— Holà, mon garçon ! Tu m'as l'air bien pressé ! On dirait que tu as un chien enragé aux trousses !

— Excusez-moi, Messire. On m'attend à l'atelier et mon maître a mauvais caractère. Si je suis trop en retard, je vais avoir droit aux travaux les plus sales et les plus fatigants.

— Alors dépêche-toi et regarde où tu mets les pieds, espèce de jeune poulain fou !

Paolo est déjà loin. Il a repris sa course en maudissant l'importun. Cette fois, c'est certain, il sera le dernier arrivé à la boutique ! Il aurait dû partir plus tôt et surtout ne pas s'attarder devant la loggia del Bigallo où l'attachent trop de mauvais souvenirs.

La loggia est une construction qui fait l'angle de deux rues, juste devant le baptistère et le campanile. En bas, au rez-de-chaussée, entre des arcades, il y a une grande pièce au plafond très haut, ouverte sur la rue. C'est ici qu'on dépose les enfants trouvés ou abandonnés. Paolo se souvient mal, mais il sait que quelqu'un l'y a laissé un jour, puis est reparti sans même se retourner. Il avait à peine quatre ans...

Un religieux, Frate Andrea, l'avait recueilli et, le soir, l'enfant avait dormi à l'hôpital des Saints-Innocents. Il y avait rejoint d'autres "enfants jetés". Plus tard, il a su que c'était une jeune dame qui l'avait laissé à la loggia, peut-être sa mère... Frate Andrea n'en savait rien.

Paolo a grandi avec d'autres petits garçons et petites filles aux yeux souvent tristes. À l'hôpital, il a appris à lire, à écrire et, surtout, il a découvert la peinture. À l'âge de six ans, il est resté bouche bée devant une fresque de l'église de la Sainte-Annonciation. Il a longtemps contemplé la Vierge et l'ange lui annonçant qu'elle serait la mère du Christ. Les couleurs l'ont bouleversé, et les visages, et les vêtements. Tout semblait hors du temps, irréel. Il s'est alors juré de devenir peintre et de faire vivre, lui aussi, des êtres merveilleux sur les murs des églises.

À l'âge de six ans, il est resté bouche bée devant une fresque de l'église de la Sainte-Annonciation.

Quelques mois plus tard, un homme s'était présenté à l'hôpital. Il disait s'appeler Fabrizio Peruzzi, notaire à Florence. Il avait longuement parlé avec Frate Andrea du malheur qui le frappait. Sa femme venait de mourir sans lui laisser d'enfant et il souhaitait adopter l'un des petits pensionnaires de l'hôpital des Saints-Innocents. Sa maison était désormais trop vide, seuls des rires et des pas d'enfants pouvaient redonner vie à sa grande demeure.

Les frères lui présentèrent Paolo. Messire Peruzzi fut séduit par le visage à la fois grave et éveillé du jeune garçon. Il l'adopta et, trois ans plus tard, le plaça comme apprenti chez Verrocchio qui tenait l'atelier le plus célèbre de Florence.
Voilà pourquoi, ce matin-là, Paolo courait si vite de sa maison à la boutique du peintre.

Messire Peruzzi fut séduit par le visage à la fois grave et éveillé du jeune garçon.

Les enfants abandonnés

À Florence, au Moyen Âge et sous la Renaissance, les enfants abandonnés étaient recueillis et élevés dans des hôpitaux. À l'origine, c'était dans l'hôpital de San-Gallo. À partir de 1445, ce fut dans celui des Saints-Innocents. Grâce aux archives, nous savons qu'entre 1394 et 1485, il y eut 7 534 abandons d'enfants à Florence. Au XVIe siècle, on en comptait encore 900 par an. Nombre de ces enfants étaient abandonnés par des parents trop pauvres pour les élever. Ils grandissaient à l'hôpital. À 13 ou 14 ans, on mariait les filles et on essayait de donner un métier aux garçons.

Le dragon de Léonard

Discrètement, Paolo s'est glissé dans l'atelier. Tous les "garçons de boutique" sont déjà au travail. L'enfant prend place à une table et commence à broyer des terres colorées dans divers récipients, qui serviront à la préparation des couleurs utilisées par les peintres.

Paolo n'a pas encore le droit de toucher un pinceau. Il exécute les menus travaux…

Paolo n'a pas encore le droit de toucher un pinceau. Il exécute les menus travaux : balayer, entretenir le feu, courir çà et là dans la ville selon les besoins et les ordres du maître. Ce n'est que dans quelques mois qu'il apprendra à dessiner, à polir et à recouvrir parfois d'une mince pellicule d'or les panneaux de bois destinés à être peints. Et c'est seulement après plusieurs années de formation qu'il sera peut-être jugé digne de peindre enfin des tableaux et des fresques.

Paolo rêve chaque jour à ce grand moment. En attendant, il admire son ami Léonard. Léonard a dix-sept ans et son talent est extraordinaire. Verrocchio lui-même n'en revient pas ! Il ne se passe pas de jour où il ne répète que l'élève a déjà dépassé le maître.

Durant leurs moments de liberté, Paolo et Léonard parcourent ensemble les rues de Florence et se rendent fréquemment au marché aux oiseaux. Léonard y dépense presque tout son argent. Il en achète un, ou deux, ou trois, les sort de la cage et les laisse s'envoler, leur rendant ainsi la liberté. Il ne supporte pas de les voir enfermés.
Léonard affirme même qu'un jour, l'homme pourra voler comme eux. Paolo n'y croit pas trop, mais il ne se lasse jamais d'écouter cet ami qui a toujours des idées fantasques et des histoires extraordinaires à raconter.

Durant leurs moments de liberté, Paolo et Léonard parcourent ensemble les rues de Florence.

Dans l'atelier, profitant de l'absence de Verrocchio, parti chez un noble de la ville, le jeune homme et l'enfant se sont lancés dans une grande discussion :
— On dit qu'en ce moment tu ramasses tous les animaux morts que tu peux trouver. C'est vrai cette histoire, Léonard ?
— Oui, mais il ne faut pas en parler.
— Tu ramasses même les chiens, et les chevaux, et les mulets ?
— Mais non, espèce de sot ! Je vais dans la campagne et je déniche des couleuvres, des chauves-souris, des lézards, des papillons, des sauterelles...
— Et tu les manges, n'est-ce pas ! enchaîne Paolo en s'esclaffant.
— Tais-toi ! Tu dis des bêtises. Écoute, en réalité, mon père, qui habite à Vinci, un petit village pas très loin de Florence, a promis à un paysan de ses amis que je lui peindrai une rondache. Tu sais, ces bou-

cliers de bois qui donnent du relief à tout ce qu'on y dessine. Alors, j'ai imaginé d'y peindre un monstre, quelque chose de vraiment horrible. Pour modèle, je prends des ailes par-ci, des écailles par-là, un long corps de serpent ou de lézard, des pattes toutes courtes et une gueule avec des dents pointues. Ensuite, je peins sur le bois, en modifiant peu à peu la forme de mon dragon afin qu'il soit encore plus terrifiant. Du reste, j'ai presque terminé. Lorsque mon père va venir chercher la rondache, la pièce sera juste éclairée par un volet entrouvert. Je peux te dire qu'il va avoir la plus belle frayeur de sa vie ! Si tu savais comment les voisins me regardent ! Il paraît que ça empeste dans la pièce où j'habite ! Il faut reconnaître qu'ils n'ont pas tout à fait tort, mais je ne peux pas remplacer les cadavres de mes serpents et chauves-souris tous les jours !

— Tu me montreras ce tableau ? demande Paolo.

— Tu plaisantes, moustique ! Tu aurais tellement peur que tu n'en dormirais plus pendant tout un mois !

Ensuite, je peins sur le bois, en modifiant peu à peu la forme de mon dragon.

Léonard de Vinci

Projets de machines volantes

Léonard de Vinci

Léonard naît à Vinci, petit village de Toscane, en 1452. Très jeune, il se passionne pour le dessin et est mis en apprentissage dans l'atelier de Verrocchio, à Florence. Il devient peintre mais se veut aussi poète, astronome, mathématicien, musicien et ingénieur... En 1516, après avoir séjourné et travaillé à Milan, Florence et Rome, il accepte l'hospitalité du roi de France François Ier, au manoir du Clos-Lucé, près d'Amboise. Il y meurt en 1519, laissant des tableaux parmi les plus célèbres du monde (telle "la Joconde") et près de 13 000 pages de dessins, de plans de machines et de traités scientifiques.

ES·ACVTVS·EQVES·BRITANNICVS·DVX·AETATIS·S
TISSIMVS·E·REI·MILITARIS·PERTISSIMVS·HABITVS·EST
·PAVLI·VGIELLI·OPVS·

Les guerriers de la cathédrale

Sur le mur de gauche, deux grandes fresques représentent chacune un cavalier en armes.

La cathédrale de Florence, que l'on appelle Sainte-Marie-des-Fleurs, est l'une des plus grandes du monde. Lorsqu'il quitte l'atelier pour rentrer vers la demeure de son père adoptif, Paolo s'y arrête souvent. Il lui semble que la nef pourrait contenir toute la population de la ville. Dans le chœur, il se sent comme un insecte, une fourmi minuscule, au pied de l'immense coupole qui le domine comme un ciel de pierre.

Sur le mur de gauche, deux grandes fresques représentent chacune un cavalier en armes tenant son bâton de commandement. Ils sont peints de telle manière que l'on peut croire qu'il s'agit de sculptures. Hommes et montures semblent être en relief, comme s'ils voulaient sortir du mur pour aller vers de nouveaux combats.

— Alors Paolo, tu admires nos grands guerriers ? s'exclame une voix derrière lui.

L'enfant se retourne brusquement et découvre Frate Andrea qui le regarde en souriant.

— Bien sûr, Frate ! Plus tard, j'aimerais en peindre de pareils.

Bientôt ce fut une terrible mêlée et, cette fois, les combattants se heurtèrent violemment.

— Qui sait ! En tout cas, tu as là les tombeaux de deux fameux combattants. L'un s'appelait Giovanni Acuto ; en fait, il se nommait John Hawkwood et était né en Angleterre. L'autre, Nicolas de Tolentino, était de notre pays.

— C'étaient des condottieres ?

— Oui, et fort vaillants. Je n'aime pas beaucoup le métier qu'ils faisaient, mais ils ne manquaient pas de courage. De véritables chefs de guerre ! Tu sais, les condottieres recrutent et payent eux-mêmes leurs soldats pour se vendre ensuite au plus offrant. Une année, ils sont au service de Milan, une autre, ils se battent pour Venise, à moins que notre bonne ville ne les prenne à son service. Lorsqu'ils se rencontrent sur le champ de bataille, ils évitent de se faire trop de morts ou de blessés. Ils savent ce qu'il en coûte d'armer et d'équiper une bonne bande de solides gaillards, et nul n'a intérêt à détruire l'adversaire. Sans ennemi, ils n'auraient plus de travail ! Épargner la vie du guerrier d'en face, c'est une précaution pour continuer à vivre de son épée ou de sa lance. J'ai assisté, un jour, à un combat entre deux condottieres : le spectacle était magnifique. Chacun avait déroulé dans la plaine des cavaliers aux brillantes armures et des soldats avec leurs lances dressées vers le ciel. Bientôt, ce fût une terrible mêlée et, cette fois, les combattants se heurtèrent violemment. À la fin de la journée, bien des victimes gisaient sur le champ de bataille. À l'époque, j'étais de passage dans un couvent d'où j'avais

observé cette lutte dans la poussière et le sang. Le soir, avec d'autres moines, nous sommes sortis du monastère, et je te prie de croire que nous avons apporté les derniers sacrements à plus d'un mourant. Les hommes sont devenus fous, Paolo, et je crains que de grands malheurs ne viennent s'abattre sur l'Italie. Nous sommes trop divisés, nous nous affrontons toujours les uns les autres. Telle ville contre telle autre, parfois même entre deux villages ou entre familles. Un jour, un ennemi profitera de cette situation et envahira notre pays, et nous connaîtrons alors bien des souffrances. Grâce à Dieu, je suis vieux maintenant et j'espère bien mourir avant de voir nos campagnes ravagées et nos cités pillées.

Les hommes sont devenus fous, Paolo, et je crains que de grands malheurs ne viennent s'abattre sur l'Italie.

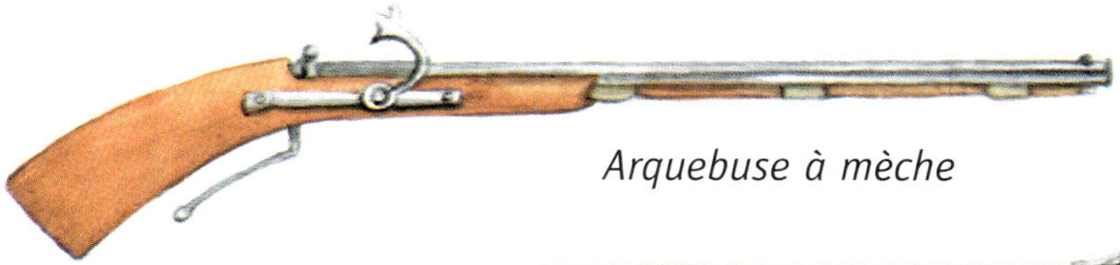

Arquebuse à mèche

Arquebuse à barillet

Pistolet à rouet

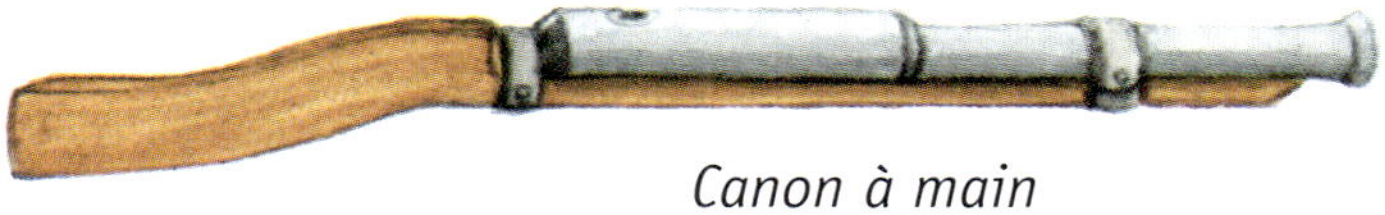

Canon à main

Mortier

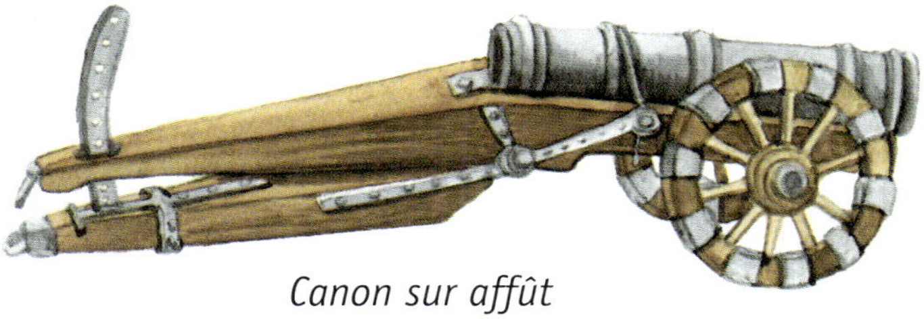

Canon sur affût

Le canon et l'arquebuse

À l'époque de la Renaissance, le perfectionnement des canons et de l'arquebuse rend la guerre bien plus meurtrière qu'au Moyen Âge. Les charges de cavalerie, les assauts des troupes à pied peuvent désormais être brisés par les boulets et les balles. Lors des premiers usages de ces armes à feu, certains chefs de guerre, scandalisés par ces nouvelles inventions, faisaient couper les mains des canonniers et des arquebusiers faits prisonniers !

La colère d'un peintre

Giorgio travaille dans un autre atelier de Florence, celui, très réputé, des frères Ghirlandaio.

En sortant de Sainte-Marie-des-Fleurs, Paolo a rencontré Giorgio. Avec Léonard, c'est son meilleur ami. Giorgio travaille dans un autre atelier de Florence, celui, très réputé, des frères Ghirlandaio. Domenico, l'aîné, est encore un jeune homme, mais il connaît déjà bien des secrets de l'art. Il les a appris de son père, un célèbre orfèvre qui fut aussi l'inventeur de superbes guirlandes dont les jeunes filles aimaient à parer leurs cheveux. Il en a tiré son nom...

— Paolo, viens avec moi. Je vais chez les moines de Sainte-Marie-Nouvelle, tu m'aideras à porter mes feuilles de dessin.

À quelque distance de la cathédrale, la basilique Sainte-Marie-Nouvelle se dresse au fond d'une grande place. Sa façade vient d'être achevée et

elle a été construite à l'emplacement d'une petite église qui portait le joli nom de Sainte-Marie-des-Vignes, car elle s'ouvrait sur une campagne plantée de nombreux vignobles. Mais la ville s'est tellement agrandie, avec près de 100 000 habitants, que la basilique s'est trouvée insérée dans la cité, protégée de longs remparts et de 65 tours de défense.

Tout en marchant, Paolo interroge son camarade :

— Qu'y a-t-il donc sur tes précieux dessins ?

— Ce sont des projets de fresques pour une chapelle de la basilique. Elles ont été commandées à mon maître par un riche seigneur. Les murs en ont déjà été peints, mais la voûte laisse passer la pluie. Les peintures précédentes ont presque disparu et il faut tout refaire. Sur l'une des parois, il y aura des scènes de la vie de saint Jean-Baptiste, le saint le plus vénéré à Florence. Et sur l'autre, des épisodes de la vie de la Vierge. En tout, il y aura quatorze grandes fresques, sept sur chaque mur. Ce sera sublime ! Mais je crois qu'il faudra y travailler pendant de nombreuses années. Espérons que tout se passera bien.

Sur l'une des parois, il y aura des scènes de la vie de saint Jean-Baptiste, le saint le plus vénéré à Florence.

— Et pourquoi y aurait-il des problèmes ?

— Parce que mon maître a encore plus mauvais caractère que le tien et, surtout, il ne veut plus être considéré comme un barbouilleur, un misérable artisan qu'on traite plus mal qu'un aide-maçon ou un palefrenier. Il veut qu'on reconnaisse son art. Un jour qu'il travaillait dans un monastère avec son frère David, ils n'avaient pas été très bien reçus par les moines. La nourriture, en particulier, n'était pas très bonne. Un soir à table, on leur a servi de la soupe et des galettes juste bonnes pour la canaille. Emportés par la colère, Domenico et David ont renversé l'écuelle de soupe sur le frère qui les servait. Puis, saisissant des quignons de pain sur la table, ils les lui lancèrent et l'atteignirent si violemment qu'on dut

le transporter dans sa cellule en piteux état. Attiré par le vacarme, l'abbé du monastère, qui était déjà au lit, se leva et accourut, croyant que le monastère était en train de s'écrouler. Trouvant l'un de ses moines mal en point, il commença à se quereller avec David.

Domenico, voyant qu'on insultait son frère, cria à l'abbé de déguerpir immédiatement en le traitant, lui, ses moines et moinillons, de cochons de mauvais chrétiens, de voleurs et de gens malhonnêtes. L'abbé fut tellement surpris de ces insultes qu'il ne sut que dire. Mais dès le lendemain, la nourriture était redevenue meilleure et digne des hommes de valeur qui travaillaient pour lui...

L'abbé fut tellement surpris de ces insultes qu'il ne sut que dire.

Dessin préparatoire de Verrocchio pour une fresque. Le dessin était appliqué sur le mur et on perçait le contour de nombreux points pour retrouver la forme du dessin sur l'enduit blanc du mur.

La fresque et la toile

Jusqu'au XVe siècle, les peintres utilisent essentiellement la technique de la fresque. Sur le mur à peindre, ils plaquent un enduit de chaux et de sable. Sur cet enduit frais (qui se dit "fresco" en italien, d'où le nom de "fresque"), ils dessinent et appliquent leurs couleurs. Au XVIe siècle est mise au point la peinture à l'huile. Désormais, le peintre mélange ses couleurs avec de l'huile (souvent de lin ou de noix) et les applique sur un support de bois ou sur une toile tendue. L'huile séchant lentement, il peut corriger, reprendre un détail, affiner une couleur, ce qu'il ne pouvait faire avec la technique de la fresque.

La peste noire

C'est la peste ! En quelques minutes, la terrible nouvelle se répand dans les rues de Florence. La peste !

Alors qu'il approche de sa maison, Paolo sent comme une inquiétude le gagner, une angoisse un peu inexplicable qui le fait frissonner. Sur une petite place, il vient d'apercevoir un petit groupe de personnes. Il s'arrête, saisi d'une brusque crainte.

Des hommes et des femmes se tiennent avec un mouchoir sur le nez, d'autres se préparent à transporter un homme aux yeux mi-clos. Une jeune fille se met à hurler. Paolo vient de comprendre. C'est la peste ! En quelques minutes, la terrible nouvelle se répand dans les rues de Florence. La peste ! la redoutable maladie qui revient régulièrement faucher les habitants ! Une épidémie contre laquelle on ne peut lutter. Médecins et apothicaires n'ont rien qui puisse amener la guérison ou procurer quelque soulagement. Les premiers symptômes de la maladie sont des enflures à l'aine ou sous l'aisselle qui se transforment ensuite en taches noires ou blanches. Et la mort survient dans les trois jours qui suivent.

— Il faut tuer tous les chats, chiens et animaux errants, ce sont eux qui apportent la peste ! s'exclame un vieil homme.
— Il faut brûler des herbes pour faire disparaître l'air malsain, affirme une jeune femme.
— Surtout pas ! Il ne faut pas faire de feu, lui répond sa voisine, la fumée transporte la maladie.

Terrifié, Paolo n'écoute plus. Il s'enfuit vers sa maison, monte les escaliers quatre à quatre et se jette dans les bras de Messire Peruzzi.
— C'est horrible, nous allons tous mourir !
— Mais non, mon garçon. Nous allons prendre nos précautions. Dès demain, nous quittons Florence pour gagner ma propriété à la campagne. L'air y est plus sain. Ce soir, nous restons ici, mais je vais faire brûler des herbes aromatiques dans la cheminée et bien fermer portes et fenêtres.

Ce soir, nous restons ici, mais je vais faire brûler des herbes aromatiques dans la cheminée et bien fermer portes et fenêtres.

— Est-ce que cela peut suffire ? s'inquiète Paolo, à demi rassuré.
— Je n'en sais rien. La peste est une punition de Dieu. Il est seul à connaître notre destin. Quand j'avais à peu près ton âge, j'ai ainsi connu une épidémie effroyable. La peur était partout. On voyait des parents abandonner leurs enfants malades, des maris quitter leurs femmes mourantes, des femmes ne plus soigner leurs maris. Quand les prêtres croyaient n'avoir qu'un mort à ensevelir, il s'en trouvait six ou huit à enterrer, parfois davantage. Lorsque la maladie était signalée dans une maison, les voisins clouaient portes et fenêtres pour

empêcher les habitants de sortir, et les pestiférés agonisaient sans soins ni nourriture. La mort était devenue si ordinaire qu'on ne se souciait pas plus de la disparition des hommes qu'on ne prend garde aujourd'hui à celle des chèvres. Dans les pauvres quartiers des ouvriers de la laine et de la soie, la mort faisait des ravages. Et ces malheureux tisserands disparaissaient par milliers.

Mais la peste n'épargnait pas les riches et les nobles. Que de grands palais, que de belles maisons, que de demeures autrefois pleines de domestiques, de seigneurs et de dames virent alors disparaître jusqu'au plus humble serviteur ! Que Dieu nous préserve d'une semblable catastrophe ! Nous ne pouvons pas grand-chose contre la peste, Paolo. Prions et remettons notre sort dans la main du Seigneur.

Dans les pauvres quartiers des ouvriers de la laine et de la soie, la mort faisait des ravages.

Pour se protéger de la peste tout en soignant leurs malades,
les médecins portaient ce costume.

Des morts par millions

La peste apparaît en Occident vers 1350. En quelques années, elle tue des millions d'habitants. Environ un Européen sur trois succombe à l'épidémie. Au cours des siècles suivants, elle continue ses ravages. À Milan, en 1484, on dénombre plus de 50 000 victimes et presque autant, dans les semaines qui suivent, à Florence, Bologne et Rome. Devant un tel fléau, les médecins ne savent que faire. Mais on commence à deviner que l'entassement des habitants dans des quartiers insalubres favorise le développement de la maladie dont on ignore encore qu'elle est véhiculée par les puces des rats.

Oublier Florence

Au pied de belles demeures, au porche des palais attendent des chariots, des mulets, des chevaux.

Au petit jour, toute la ville semble comme morte. On entend juste les cloches des églises et des couvents qui sonnent le glas funèbre. Quelques rares passants se hâtent dans les rues vides. Parfois, d'une maison aux volets clos s'échappent des cris, des prières. Au pied de belles demeures, au porche des palais attendent des chariots, des mulets, des chevaux. On y charge provisions, coffres précieux et tapisseries. Les riches quittent la cité et Messire Peruzzi se prépare à faire de même. Avec Paolo à ses côtés, il traverse la place de la Seigneurie afin de se rendre chez un ami qui a décidé de rester à Florence. Il veut lui demander de surveiller sa maison pendant son absence. En période de peste, voleurs et pillards s'en donnent à cœur joie...

La place, dominée par un grand palais aux murailles crénelées surmonté d'une haute tour, apparaît bien sinistre en ce jour de printemps. Il n'est plus question de préparer les grandes fêtes qui devaient s'y dérouler. Plus de cortèges chatoyants, de cavalcades, de chariots somptueusement ornés, plus de fifres et de tambours, plus de rires, de chants et de danses. La mort est dans Florence.

En quelques phrases, Messire Peruzzi a réglé ses affaires. Sur un mulet, il a fait charger ses biens les plus précieux.

À droite du palais, sous les grandes arcades de la Loggia dei Lanzi, quelques vagabonds, mendiants et loqueteux ont trouvé refuge. Messire Peruzzi les observe d'un œil haineux comme s'il les rendait responsables de la peste. Paolo, lui, les a en grande pitié. Il devine qu'ils seront les premières victimes de l'épidémie. Eux ne peuvent trouver refuge à la campagne et bien peu de Florentins vont se préoccuper de les soigner, les nourrir, les aider. Au contraire, il en est plus d'un qui aimerait leur faire subir le même sort qu'aux chiens et chats errants pour ensuite les enterrer bien profond sous terre.

En quelques phrases, Messire Peruzzi a réglé ses affaires. Sur un mulet, il a fait charger ses biens les plus précieux. Avec Paolo et un domestique, il prend le chemin de la campagne. Pour sortir de la ville, la petite troupe passe sur le Ponte Vecchio, le "Vieux Pont" qui surplombe l'Arno. Cette petite rivière, qui en été étale quelques flaques boueuses au milieu de son lit, peut en hiver devenir un impétueux torrent. Sur le pont, de part et d'autre de la rue, se trouvent des boutiques de bou-

chers. L'odeur y est souvent insupportable et il est question de remplacer leurs étals par ceux d'orfèvres et de bijoutiers.

Continuant leur route, ils laissent sur leur gauche le palais Pitti, construit avec d'énormes pierres qui lui donnent une allure de prison. Enfin, ils atteignent l'une des portes des remparts, se retrouvent dans la campagne et se dirigent vers la propriété de Messire Peruzzi.

Après la ville et ses mortels dangers, la campagne apparaît comme un lieu enchanteur.

Après la ville et ses mortels dangers, la campagne apparaît comme un lieu enchanteur. Le paysage semble à Paolo le plus beau du monde. Des cyprès alignent leurs hautes silhouettes au long des chemins ou en bordure des champs. Un vignoble déroule ses ceps de vigne à l'assaut d'un versant. Des oliviers dans leur feuillage d'argent frémissent sous une brise légère. Dans un pré, quelques moutons parsèment de taches blanches le paysage marqué de vert, d'ocre et du rouge des tuiles sur les toits des fermes.

Au loin, sur le haut des collines, se devinent les murs de grandes villas ou le clocher de quelque monastère. De grands bois jettent ici ou là des couleurs sombres sur ce qui forme, aux yeux de Paolo, le plus admirable des tableaux. Un tableau dont les teintes changent au passage d'un nuage ou sous la lumière crue d'un soleil déjà haut dans le ciel. Alors, Paolo comprend qu'il se destine au plus beau métier du monde. Celui qui permet à l'homme de recréer, par la peinture, la réalité de la vie et de la nature.

Le Ponte Vecchio (état actuel)

La cité au lys

Florence, la cité des fleurs (en vieux français on disait "Fleurance"), a pour symbole un lys ouvert. Au XVe siècle, elle est l'une des plus importantes villes d'Europe et compte près de 100 000 habitants. Elle tire sa fortune des milliers d'ouvriers qui produisent des étoffes de laine et de soie, alors les plus réputées du monde. Florence doit aussi sa renommée à ses banquiers, ses commerçants et bien sûr à ses peintres, ses sculpteurs, ses poètes et ses écrivains.

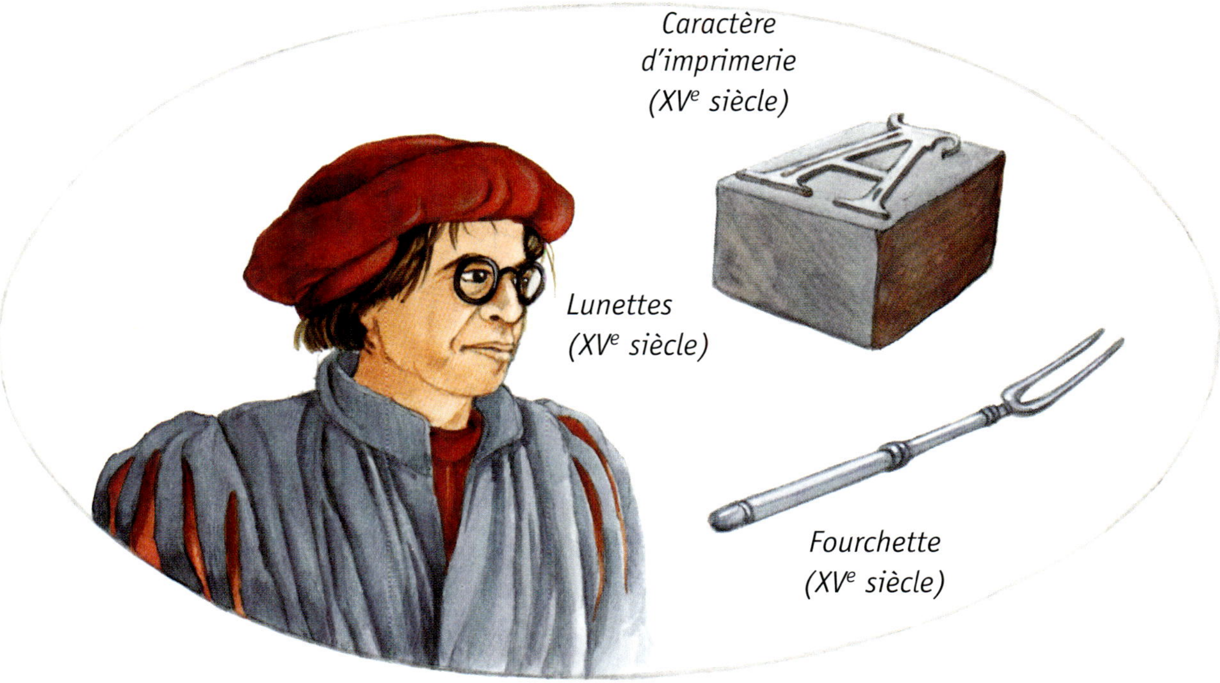

De quelques inventions

Les lunettes à nez, ou lunettes d'yeux, ont été inventées en Toscane, entre 1280 et 1285. On les appelait aussi petites lunes ou encore lentilles. Au XVe siècle, les artisans de Florence en fabriquent de toutes sortes, pour les adultes comme pour les enfants. Mais, à la différence des lunettes modernes, elles ne comportent pas de branches. L'imprimerie est mise au point vers la moitié du XVe siècle, grâce à l'invention et l'amélioration de plusieurs techniques : papier, encre, presse à bras, caractères mobiles en métal. L'usage de la fourchette se répand d'abord en Italie, au XVe siècle. Elle ne possède alors que deux dents, mais bien peu de convives l'utilisent : ils se servent de leurs doigts. Elle mettra trois siècles à s'imposer sur toutes les tables.

Chenonceaux

Où retrouver la Renaissance ?

Née en Italie, la Renaissance a influencé toute l'Europe. En France, on en retrouve les traces dans de nombreux châteaux, palais et musées.

• Le musée du Louvre, à Paris, possède de nombreux tableaux de Léonard de Vinci, Raphaël, Ghirlandaio.

• Dans la région parisienne, le château d'Écouen (Val-d'Oise), devenu musée de la Renaissance, présente des objets quotidiens, des œuvres d'art et des outils d'artisans illustrant tous les aspects de la vie sous la Renaissance.

• Dans le Val de Loire :

Les châteaux d'Azay-le-Rideau et de Chenonceaux (Indre-et-Loire).

Les châteaux de Blois et de Chambord (Loir-et-Cher).

Le manoir du Clos-Lucé à Amboise, transformé en musée, où sont reconstituées plusieurs inventions de Léonard de Vinci.

Laurent le Magnifique

Petite chronologie

- **1453** ***Prise de Constantinople par les Turcs.***
- **1456** ***L'atelier de Gutenberg à Mayence (Allemagne) achève l'impression d'une Bible en trois volumes.***
- **1445-1461** ***Construction de la coupole de la cathédrale de Florence.***
- **1469-1492** ***Laurent de Médicis, surnommé "le Magnifique", dirige les destinées de Florence.***
- **1492** ***Christophe Colomb aborde l'Amérique.***
- **1452-1519** ***Vie de Léonard de Vinci.***
- **1475-1564** ***Vie de Michel-Ange.***
- **1494-1559** ***L'Italie devient le champ de bataille de l'Europe. Le pays est la proie des ambitions rivales des rois de France et de l'empereur Charles Quint.***